AF404932

VIE

DE LAHARPE.

Jean-François de Laharpe naquit à Paris,
le 20 novembre 1739. Son père, d'une ancienne famille noble de Suisse, était capitaine
d'artillerie au service de France et chevalier
de Saint-Louis. N'ayant pour subsister que les
modiques appointemens de son emploi, il avait
épousé une femme, née comme lui, sans fortune : il en eut beaucoup d'enfans, dont plusieurs moururent en bas âge ; et, quand lui-
même mourut, les autres, qui n'étaient pas
encore élevés, se trouvèrent dénués de tout,
et menacés de ne pas même recevoir l'éduca-
tion la plus commune. Avant l'âge de neuf
ans, Laharpe avait perdu son père et sa mère.
Pauvre et orphelin, il éprouva les bontés ma-
ternelles de cette même religion qui devait répandre des consolations sur ses dernières années, et qu'il eut ainsi pour bienfaitrice aux
deux extrémités de sa vie. Cet homme, à qui
l'on a eu souvent occasion de reprocher son
orgueil, a fait, dans sa vieillesse, l'humble et
touchant aveu de la profonde misère où fut
plongée son enfance, et des secours qu'elle
trouva dans la pieuse libéralité des établisse-
mens de la religion et de l'enseignement.
« L'auteur, à l'âge de neuf ans, dit-il, a été

a

« nourri six mois par les Sœurs de la Charité
« de la paroisse Saint-André-des-Arts, et l'on
« sait que, jusqu'à l'âge de dix-neuf ans, il a
« été élevé et nourri par charité. »

Présenté à M. Asselin, principal du collége
d'Harcourt, il lui récita des vers français avec
une grâce et une intelligence qui le charmè-
rent. Cet homme bienfaisant prit intérêt à lui,
l'admit, à ses frais sans doute, au nombre de
ses élèves, et bientôt après lui fit obtenir une
bourse. Le jeune orphelin s'acquitta, autant
qu'il dépendait de lui, envers la maison qui
l'avait adopté, en contribuant à répandre sur
elle cet éclat, cette gloire utile que donnaient
à nos colléges de nombreux succès dans les
concours de l'Université. Il doubla sa rhétori-
que, et, chaque année, remporta le prix d'honneur avec tous les autres premiers prix. Le bruit
de ce triomphe, jusque-là sans exemple, ne
resta point renfermé dans l'enceinte des colléges; il se répandit dans le monde, et ouvrit
dès-lors au jeune vainqueur l'entrée de plusieurs maisons distinguées.

Cette carrière des études, qu'il terminait
avec tant de bonheur et de gloire, avait été
marquée pour lui, peu d'années auparavant,
par le malheur le plus grave et l'humiliation
la plus cruelle. Beaucoup de lecteurs se seront
déjà rappelé cette fatale aventure, dont le souvenir poursuivit Laharpe jusqu'à la fin de sa
vie, en empoisonna tout le cours, et ne fut cer-
tainement pas sans influence sur son caractère
et celui de ses écrits. Il courut, dans son collége, une satire contre un professeur ridicule.
Suivant les uns, il en était l'auteur; les autres
disent que, déjà préludant au métier de criti-

que, et regardé par ses camarades comme un Aristarque, il fut seulement consulté sur cette pièce, et la corrigea sans songer à autre chose qu'à en faire disparaître des fautes. Quoi qu'il en soit, on vit bientôt circuler une nouvelle satire ; mais celle-ci était dirigée contre M. Asselin, son bienfaiteur ; et Laharpe, qui n'était pas assez pervers pour l'avoir composée, fut assez malheureux pour qu'on la lui imputât. Ce qui, de la part de tout autre écolier, n'eût été qu'une faute justiciable de la discipline collégiale, parut, de la sienne, un crime digne de la vindicte publique. La satire fut portée au Lieutenant-général de police, qui envoya l'auteur présumé dans une maison de correction où il passa plusieurs mois. Ce châtiment injuste et flétrissant fit sur l'ame de Laharpe une impression que le tems ne put effacer, et y déposa le germe d'un profond ressentiment contre des institutions assez imparfaites pour ne pas savoir distinguer l'innocent du coupable, assez tyranniques pour punir d'un crime celui qui, n'en étant pas l'auteur, ne pouvait pas en avoir été convaincu. Tous ceux qui ont écrit sur sa vie, se sont accordés à croire que cette disposition morale détermina souvent ses conceptions littéraires, et, peut-être à son insu, lui fit choisir de préférence les sujets où l'innocence opprimée se montre implacable, aime à nourrir, à exalter son ressentiment, et ne trouve de douceur qu'à former des projets de vengeance contre ses persécuteurs. Quelques héroïdes, productions de sa première jeunesse, et ensuite les tragédies de *Warwick*, de *Menzikoff*, de *Philoctète*, de *Coriolan*, même de *Gustave* et de *Virginie*, sont plus d'indices

qu'il n'en faut pour donner à cette conjec-
ture presque la force d'une démonstration : il
y faut ajouter que Laharpe, autant de fois qu'il
retraça les mouvemens d'une ame profondément ulcérée par l'injustice, atteignit à une
force de pensée et d'expression au-dessous de
laquelle il demeura toujours dans la peinture
des autres sentimens : nul autre poète ne peut
se voir appliquer avec plus de justesse ce mot
du satirique latin : *Facit indignatio versum.*

Des héroïdes furent le début littéraire de
Laharpe (1). Ce genre, sinon faux, du moins
borné, froid et monotone, dont Ovide seul,
parmi les Anciens, nous a laissé des modèles,
a joui, en France, d'une vogue passagère, à
laquelle a succédé un discrédit total ; et le
règne de cette espèce de mode n'est guère
marqué, dans les fastes de notre littérature,
que par une seule pièce, écho mélodieux,
mais faible et peu fidèle des accords d'une lyre
anglaise. Les héroïdes de Laharpe ont été en-
veloppées dans la même disgrace que toutes
les autres ; mais du moins elles furent ce que n'é-
taient pas celles-ci, de véritables études dramatiques. La seule dont on ait gardé quelque souvenir, la *Réponse d'un Solitaire de la Trappe
à l'abbé de Rancé*, promettait les éloquens
discours du curé de *Mélanie* ; et, au choix
mâle de la plupart des autres sujets, surtout à
quelques traits énergiques et fiers, il fut permis de pressentir le poète qui allait bientôt
transporter sur la scène, l'injure cruelle et le
ressentiment fatal de *Warwick*.

Cette tragédie, dont l'auteur avait à peine

____

(1) Elles parurent en 1759, un vol. *in-12.*

vingt-trois ans (1), et dont un demi-siècle a confirmé le brillant succès, sembla renouveler le phénomène d'*OEdipe*, ouvrage de Voltaire presqu'enfant, et resté un des chefs-d'œuvre du grand-homme qui en a tant produit. Mais *Warwick* avait, pour ainsi dire, épuisé tout le bonheur de Laharpe. L'heureux *Warwick*, comme un de ces aînés que, chez nous, favorisaient d'anciennes coutumes, s'il ne déshérita pas entièrement tous ses frères, ne permit jamais du moins qu'aucun d'eux entrât en partage égal avec lui. De dix tragédies qui l'ont suivi, cinq, *Gustave*, *Timoléon*, *Pharamond*, les *Brames* et les *Barmécides* essuyèrent une chute complète et malheureusement trop méritée. Trois autres, *Jeanne de Naples*, *Coriolan* et *Virginie*, résistèrent mieux aux violentes attaques que toutes eurent à soutenir : elles ont conservé des droits à l'estime ; la scène ne leur est point interdite ; mais la faveur du public ne les y rappelle pas. Le sort de *Menzikoff* n'a pas été entièrement décidé : la Cour, qui l'avait entendu et récompensé (2), l'a soustrait au jugement de la capitale, et les scrupules politiques ont peut-être servi cette fois les intérêts du poète ; le lecteur, à travers une élégante diction qui le charme sans l'éblouir, croit apercevoir dans cette pièce des défauts que le spectateur n'eût pas pardonnés. *Philoctète* seul a paru égaler le succès de *Warwick* ; mais il ne pouvait en balancer la gloire : dans ce triomphe, Sophocle revendiquait la

---

(1) *Warwick* fut joué, pour la première fois, le 7 novembre 1763.

(2) La Reine fit accorder à Laharpe la pension de 1200 f. dont avait joui de Belloy.

palme du génie, et Laharpe, judicieux imitateur de ce grand-homme, ne pouvait prétendre qu'à celle du goût, modeste honneur que l'Envie n'avait jamais songé à lui disputer, et que même elle lui décernait souvent avec une affectation offensante au moins par son motif.

Laharpe avait eu le malheur de l'irriter à son entrée dans la carrière. Un succès brillant et mérité est le premier des torts envers elle : jamais elle ne le pardonne, mais elle n'ose pas toujours s'en plaindre. Ce tort, Laharpe ne l'avait pas encore; et déjà l'Envie avait ses griefs contre lui; déjà elle pouvait se faire écouter en l'accusant. Il avait eu l'imprudence de défier son ennemie avant de la frapper; et, pour avoir paru trop tôt convaincu de ce qu'il valait, il la trouva toute armée contre son mérite, au moment où il lui fut permis d'en donner des preuves. A vingt ans, dans la préface de son *Recueil d'Héroïdes*, il avait jugé les Anciens et les Modernes avec une hauteur et un despotisme d'opinion qu'aucun âge n'autorise, mais que le sien, en les rendant plus ridicules, rendait peut-être aussi plus excusables. Quand *Warwick* parut, les suffrages du public couvrirent les murmures de la malignité jalouse, qui, forcée un moment d'épargner le talent de l'auteur, se tourna contre sa personne, diffama son caractère, et, pour la première fois, réveilla le souvenir de sa fatale aventure, qu'elle semblait avoir tenu en réserve pour le punir de son premier succès. Depuis ce jour, plus de paix, plus de repos pour lui. Sa vie fut un combat continuel : chacun de ses ouvrages était une proie que l'Envie attendait pour la déchirer. Malheureusement la plupart de ceux qu'il fit pour le théâtre, ne donnèrent que trop de prise et ne fournirent que trop d'aliment à sa rage dénigrante. Rarement réduite à troubler et à ralentir ses succès, elle accéléra ses nombreuses chutes, et lui laissa du moins (tant ses fureurs étaient visibles !) la triste consolation de rejeter hautement sur elle ce que ses disgraces les plus méritées lui semblaient avoir d'injuste. Laharpe eut souvent occasion de se dédommager des affronts du théâtre, dans une autre lice ouverte à son double talent de poète et de prosateur. Son éternelle ennemie sut le poursuivre encore jusque dans ce réfuge, où pourtant elle ne pénétrait pas. Ne pouvant ni lui refuser, ni lui arracher les lauriers académiques, elle s'efforçait du moins de les flétrir sur sa tête ; elle ressaisissait sa victime qu'on lui avait enlevée un moment ; et, furieuse de ce que l'auteur n'avait pas été exposé à succomber sous les coups de l'inimitié, elle s'en vengeait en déclarant qu'il n'avait triomphé qu'à l'aide de la faveur. Laharpe aurait pu désarmer l'Envie : il fut assez souvent et assez long-tems malheureux pour qu'elle consentît à oublier un instant de bonheur, si, par quelques soumissions, quelques ménagemens, il eût essayé de la fléchir. Mais lui-même était inflexible dans ses ressentimens et dans son orgueil. Les revers qui abattaient le plus son ame, ne donnaient que plus de hauteur à son langage ; et ses triomphes les plus flatteurs ne pouvaient pas même lui inspirer cette modestie qui sied tant à la victoire, et qui lui est si facile. Quelles que fussent à son égard les faveurs de la fortune ou ses rigueurs, un profond mépris pour ses adversaires, et une estime non moins

profonde pour lui-même, étaient deux sentimens qui s'alliaient dans tous ses écrits et s'y
montraient inséparables. Cette vanité dédaigneuse et insultante fatiguait, par la continuité
de ses explosions, ceux mêmes qui, ayant des
intérêts d'amour-propre tout-à-fait séparés des
siens, étaient plus disposés à jouir de son mérite qu'à en prendre de l'ombrage ; et chaque
jour les ennemis de son talent voyaient leur
parti se grossir d'une foule d'auxiliaires qui
n'étaient que les ennemis de son orgueil.

L'éclatant succès de *Warwick* avait pro-
curé de la célébrité et des persécutions à son
auteur ; il l'avait fait rechercher, accueillir avec
empressement par ces gens du grand monde
qui semblent être à l'affût de toutes les célé-
brités naissantes pour s'en emparer, jouir un
moment de cette espèce de prémices, et abandonner ensuite l'objet de leurs stériles caresses ;
mais le produit glorieux d'une vingtaine de
représentations n'avait pu réparer les torts de
la fortune envers un jeune homme qu'elle avait
traité, dès le berceau, avec une rigueur dont
il y a peu d'exemples. Laharpe, fêté par l'opu-
lence, était obligé d'en imiter les dehors : son
indigence s'en accroissait, et, après avoir partagé, dans de brillantes maisons, ces préten-
dues jouissances qu'on sait rendre coûteuses à
ceux qu'on y associe gratuitement, il rentrait
dans un obscur réduit, où tous les vrais besoins
l'attendaient.

Jeune, brillant du succès de *Warwick*, et
trop sensible aux agrémens des femmes pour
ne pas être aimable auprès d'elles, il inspira
la plus vive passion à une jeune personne, jolie
et spirituelle, mais sans biens et d'un état peu

relevé (1), qui s'abandonna, sans réserve et sans condition, aux transports de son amant. Les preuves de leur amour ne s'étant que trop manifestées, la jeune personne, qui n'avait rien stipulé, ne voulut rien exiger non plus, quelques instances que ses parens lui fissent; et Laharpe, qui n'avait rien promis, accorda, de son propre mouvement et malgré les conseils de l'intérêt, ce qui seul pouvait réhabiliter l'honneur de sa maîtresse, et donner les droits de l'existence civile au fruit de leur union précoce. Cette réparation, ce mariage prouva la délicatesse de Laharpe; mais il aggrava beaucoup son infortune, et, durant quelque tems, ses destinées littéraires ne furent rien moins que propres à l'alléger.

Le poète tragique, qui voit son drame condamné irrévocablement par la sentence du parterre, peut s'appliquer ce que l'auteur des *Saisons* dit du laboureur, dont un orage a dévasté les champs :

L'ouvrage d'une année est détruit dans un jour.

Trois fois de suite, Laharpe éprouva ce malheur. *Gustave*, *Timoléon* et *Pharamond* n'avaient paru sur la scène que pour en être à

---

(1) Elle se nommait mademoiselle Montmayeux, et était fille d'un limonadier de la rue des Quatre-Vents, dans la maison de qui logeait Laharpe. Un suicide termina, à Saint-Germain, une vie qui lui était devenue à charge : elle se jeta dans un puits. C'était après le 9 thermidor. Cette mort ne fut point l'effet de la détresse, ni des malheurs publics, mais de ce dégoût de la vie, qui devient quelquefois une de nos plus dangereuses maladies. Laharpe épousa ensuite une autre femme, qui bientôt fit divorce avec lui. Il n'est point resté d'enfant de ces deux mariages.

l'instant repoussés (1). Tant de travaux anéantis, tant d'espérances renversées, l'éclat de *Warwick* presque terni par cette suite de revers, la misère croissant tandis que la gloire s'évanouissait, des ennemis qui semblaient n'en devenir que plus nombreux et plus acharnés ; bien peu d'ames eussent été capables de résister à tous ces chocs réunis. Celle de Laharpe en fut abattue : de l'excès de la confiance, il tomba dans celui du découragement, et jamais il n'eut moins le sentiment de ses moyens, qu'au moment où il lui était le plus nécessaire d'en développer toute l'énergie.

Heureusement il avait fait hommage de son *Warwick* à Voltaire. Ce grand poëte, que la haine a peint si jaloux et si ombrageux, a plus d'une fois prodigué ses encouragemens, ses conseils, ses bienfaits de toute espèce aux jeunes gens qui promettaient de s'illustrer dans un art dont il était justement idolâtre. *Warwick* donnait plus que des espérances, et *Warwick* fut accueilli par lui avec une joie sincère. Il fit une réponse flatteuse et bienveillante à l'auteur, qui s'empressa de la placer en tête de sa tragédie. Cependant Laharpe, par la même démarche, venait d'acquérir l'amitié de Voltaire et d'encourir la haine de Fréron. Ces deux puissances si différemment fameuses, et qu'il faut presque rougir de mettre en parallèle, si alors elles ne partageaient pas entr'elles la littérature, du moins divisaient les littérateurs, et il était difficile d'observer une exacte neutralité. Fréron avait tenté d'attirer Laharpe à son parti ; mais pour y servir,

---

(1) *Gustave* fut joué en 1763, *Timoléon* en 1764, et *Pharamond* en 1765.

pour mériter les récompenses du chef, il fallait renier Voltaire et blasphémer son génie. Laharpe s'était indigné de cette proposition sacrilége, et déjà sa résistance l'avait rendu plus que suspect à Fréron, lorsque sa profession publique d'admiration pour Voltaire acheva de le lui rendre odieux. De son côté, Voltaire, à qui peut-être il était permis d'employer, pour soutenir sa gloire sans cesse attaquée, les mêmes moyens que Fréron mettait en usage pour la renverser, Voltaire s'était sans doute félicité de pouvoir attacher à sa cause un jeune homme dont l'hommage volontaire et le talent déjà prouvé lui garantissaient un vassal à la fois soumis et peu vulgaire. Quant à Laharpe, il n'avait eu que le choix des dangers. De quelque parti qu'on se rangeât, on était certain d'avoir contre soi de nombreux ennemis. Mais quel jeune poète, vraiment épris de la gloire tragique, pouvait balancer entre les bannières déshonorées de l'*Année littéraire*, et les brillantes enseignes où se lisaient les noms de *Mérope* et de *Zaïre?* Laharpe se décida donc en faveur du chef le plus illustre, et sans doute il a dû à ce choix une grande partie de sa propre illustration, tandis que tous les protégés de Fréron n'ont laissé qu'une mémoire obscure, ridicule ou avilie.

Laharpe fit un premier voyage à Ferney (1), et, pendant un mois ou deux qu'il y passa, il reçut de Voltaire les plus touchantes marques d'intérêt. Il avait apporté le plan ou plutôt le sujet d'une tragédie qu'il voulait exécuter sous les yeux du maître et dans des lieux que l'ins-

____

(1) En juin 1765.

piration semblait habiter ; mais, tandis que son
ame s'ouvrait avidement à la foule des sensa-
tions nouvelles que la présence d'un tel hôte
et l'aspect d'un tel séjour ne pouvaient manquer d'y porter, les facultés de son esprit paraissaient suspendues et sa plume restait oisive.
Voltaire l'animait sans cesse au travail, gour-
mandait son inaction, cherchait à féconder sa
pensée ; et, comme s'il eût voulu réveiller l'ardeur de son imagination, en plaçant sous ses
yeux une image de son premier triomphe, il
mit *Warwick* au répertoire du théâtre de Ferney et en ordonna la représentation. Laharpe
quitta Voltaire sans avoir écrit peut-être une
scène de sa tragédie ; mais, ce qui valait mieux
sans doute, il remportait la connaissance des
plus intimes secrets de l'art, puisée dans les
entretiens du maître le plus habile, et la pré-
cieuse certitude d'être aimé personnellement
par le grand-homme qui avait déjà si affectueu-
sement accueilli ses ouvrages.

La chute de *Pharamond*, qui suivit de fort
près son retour à Paris, mit le comble à sa détresse et à son découragement. Voltaire eut
pitié des deux jeunes époux : il les pressa l'un
et l'autre de venir chercher auprès de lui un
asyle qui les mît à l'abri des plus dures atteintes
de la misère, un asyle où ils pussent réparer
les forces de leur ame, et attendre des tems
meilleurs. Ils se rendirent à Ferney (1) ; leur séjour y fut de plus d'une année. L'amitié de Voltaire pour Laharpe et l'attachement de celui-ci
pour Voltaire prenaient de jour en jour un caractère plus tendre. Ce n'était plus seulement

---

(1) Au mois de novembre 1766.

un maître et son élève : c'était un père et un fils ;
ils s'en donnaient les noms , ils s'en témoi-
gnaient l'affection mutuelle ; et, dans ce doux
échange, Voltaire était à la fois le plus libéral et
le plus reconnaissant, celui dont les sentimens
avaient le plus de force, et qui mettait le plus
de prix à ceux dont il était l'objet. Laharpe qui
ne pouvait réprimer, même à son égard, ce
ton absolu et ces manières hautaines dont il
avait contracté la fâcheuse habitude, s'exposait souvent, par des contradictions trop dures
ou trop longuement soutenues, à blesser un
amour-propre que tant de gloire et d'adula-
tion avaient rendu fort irritable ; et Voltaire,
père indulgent de ce fils peu respectueux, op-
posant l'extrême douceur à l'extrême dureté,
descendait quelquefois à des supplications qui
ne réussissaient pas toujours. Des courtisans
sans crédit, jaloux du favori, essayaient de le
perdre dans l'esprit du maître, en rappelant
ses torts que peut-être ils exagéraient. Voltaire
leur fermait la bouche par ce seul mot : *Il
aime ma personne et mes ouvrages.* Laharpe
montra plus d'une fois, pour l'amélioration de
ces mêmes ouvrages, un zèle qui excédait les
devoirs et les droits de la tendresse filiale. Un
témoin de ces étranges libertés nous en a trans-
mis le récit fidèle : c'est Chabanon, élève moins
brillant, mais plus docile et pourtant moins
chéri, que Voltaire retenait alors à Ferney pour
diriger son penchant tragique, qui n'est pas devenu du talent. « Laharpe, dit Chabanon, jouait
« un rôle important dans *Adélaïde.* Il dit à Vol-
« taire : *Papa, j'ai changé, dans mon rôle, quel-
« ques vers qui me paraissaient faibles.* —
« *Voyons, mon fils.* Voltaire écoute les chan-

« gemens, et reprend : *Bon ! mon fils ; cela*
« *vaut mieux : changez toujours de même ; je*
« *ne puis qu'y gagner.* Enhardi par ce succès,
« le réformateur de Voltaire osa le réformer
« dans une pièce qu'il venait d'achever, et il
« ne prévint pas même l'illustre auteur des
« corrections qu'il s'était permises. Voltaire au
« théâtre s'aperçut des changemens faits à ses
« vers ; il criait de sa place : *Il a raison : c'est*
« *mieux comme cela* (1). » Laharpe avait peut-
être osé plus que de corriger les vers de
Voltaire à son insu ; il avait surpris son admiration pour ceux d'un homme qu'il détes-
tait profondément, et envers qui il ne se
refusait pas d'être injuste. Cet homme était
Lefranc de Pompignan, et, ce qui ne rendait
pas la témérité de Laharpe moins périlleuse,
le morceau cité par lui était en effet admirable.
Redites-nous la strophe, s'était écrié Voltaire
au nom de Pompignan, et après l'avoir enten-
due une seconde fois, il s'était vu forcé de l'ad-
mirer encore. Si tout autre que Laharpe eût
imaginé de lui tendre un pareil piége, le grand-
homme eût peut-être eu la faiblesse de ne le
lui pardonner jamais.

Voltaire était le seul qui sût travailler dans
le tourbillon de Ferney. Les visites nombreuses qu'il y recevait de toutes les parties
de l'Europe, et les amusemens continuels qu'il
voulait y procurer à des hôtes qui se renouve-
laient sans cesse, ne lui dérobaient pas un seul
des instans consacrés à l'étude et à la composition. Distinguant les empressemens de l'ad-

---

(1) *Tableau de quelques circonstances de ma vie,* ouvrage
posthume de Chabanon.

miration des importunités du désœuvrement,
il se rendait accessible aux uns, mais sans jamais changer l'ordre ni la destination de ses
heures, et il ne craignait pas de se soustraire
entièrement aux autres. Enfin, il trouvait le
loisir et presque le calme de la solitude au sein
de la foule, du bruit et des distractions ; et,
quand tout le monde autour de lui dissipait ses
journées à la manière des plus oisifs habitans
de la capitale, lui seul employait ses jours et
ses nuits, comme s'il eût habité un de ces
cloîtres où les travaux de l'érudition n'étaient
interrompus que par les exercices de la piété.
Pendant les treize mois que Laharpe cette fois
passa de suite au château de Ferney, sa prin-
cipale occupation fut de jouer la comédie.
C'était un art qu'il avait le droit de chérir : son
talent y procurait de vives jouissances à son
amour-propre, et sa femme, qu'il y avait for-
mée, n'obtenait pas moins de succès que lui.
Ce plaisir assez laborieux le détourna presqu'entièrement de la composition. Ses travaux
se bornèrent à des ébauches ou à des ouvrages
de peu d'étendue : du reste, il entama quelques négociations de littérature mercantile,
auxquelles il ne crut pas devoir donner de suite.
Mais, tandis qu'il s'occupait négligemment de
sa réputation et inutilement de sa fortune,
Voltaire ne perdait pas de vue les intérêts de
son disciple. Un emploi assez lucratif fut le
premier fruit de ses actives sollicitations (1).
Les ennemis de Laharpe réussirent, par leurs
calomnies, à le lui faire perdre bientôt ; mais

____

(1) La place de secrétaire intime de M. Boutin, inten-
dant des finances.

Voltaire avait eu soin en même tems de lui préparer un accès auprès de M. de Choiseul, et la protection libérale de ce Ministre ne tarda pas à s'étendre sur lui.

Laharpe était revenu à Paris depuis trois mois environ, lorsque, dans une feuille étrangère, on le dénonça comme ayant payé de la plus noire ingratitude l'hospitalité généreuse qu'il avait reçue de Voltaire. Celui-ci, disait-on, l'accusait de lui avoir dérobé plusieurs manuscrits, entr'autres le second chant de la *Guerre civile de Genève*, et de les avoir fait imprimer à son profit. Laharpe repoussa cette imputation avec une légèreté dédaigneuse qu'elle ne méritait pas, au moins par sa gravité. Voltaire prit un ton plus convenable pour la combattre; il fit éclater de l'indignation, et signala, comme un des abus les plus funestes à la société, cette licence qui transformait les feuilles publiques en libelles diffamatoires. D'après le désaveu énergique de Voltaire, on dut croire que sa prétendue plainte n'était qu'une fausseté inventée par les mêmes ennemis que Laharpe, depuis son enfance, voyait acharnés à le poursuivre des calomnies les plus injurieuses et les plus absurdes. Une lettre de Voltaire à Damilaville, que quelques personnes disaient avoir lue, et quelques discours prêtés à madame Denis, qui était alors à Paris, ne pouvaient prévaloir, dans les esprits équitables, contre la dénégation formelle et authentique de Voltaire lui-même, qui, présenté comme accusateur de Laharpe, démentait à la fois l'accusation et le crime. Mais la publication assez récente d'un *Supplément à la Correspondance de Voltaire* est venue changer tout l'aspect de cette fâcheuse aventure, et lui donner un autre caractère. Ce n'est pas le crime qu'elle prouve, c'est l'accusation : il est toujours plus que douteux heureusement que Laharpe ait commis un délit grave envers son bienfaiteur ; ce qui ne l'est plus, c'est que celui-ci le lui ait imputé (1). Cependant, si La-

----

(1) Il est de notre devoir de mettre les pièces du procès sous les yeux du public, qui seul a droit de le juger.

1°. Dans le *Supplément à la Correspondance de Voltaire*, tom. II, pag. 116 de l'édition *in-12*, lettre LXVII, à Chabanon, sous la date du 16 avril 1768 (un mois après l'article de la Gazette d'Utrecht), on lit : « Je crois la très-« désagréable aventure de Laharpe entièrement oubliée ; car « il faut bien que de telles misères n'aient qu'un tems fort « court. *Pour moi, je n'y songe plus du tout.* »

Ce qu'on répétait, dans le tems, de la Lettre de Voltaire à Damilaville, était exactement dans le même sens ; on en citait cette phrase : « Le public met à la chose plus d'impor-« tance qu'elle n'en mérite, et je pardonne à Laharpe de tout « mon cœur. (*Mémoires secrets*, tom. XVIII, pag. 366.) »

2°. Même tome du *Supplément*, p. 167, Lettre à M. d'Argental, sous la date du 4 août 1769, on trouve ce passage : « Vous me parlez, dans votre lettre du 22, de certains pa-« piers dont un curieux s'est emparé. Vraiment je n'en ai parlé « à personne, et je suis très-éloigné de faire une tracasserie « qui pourrait perdre un jeune homme, et qui d'ailleurs ne « me ferait que du mal. Dupuits le vit emporter de ma bi-« bliothèque beaucoup de papiers : j'en ai perdu de très-« importans ; j'ai été puni de mon trop de confiance. C'est « un malheur qu'il faut oublier ; j'en ai essuyé de plus grands, « et je sais trop qu'il y a des circonstances où il faut absolu-« ment se taire. »

3°. Enfin, dans la *Correspondance générale*, t. LXXIX, pag. 240, de l'édition *in-12*, on trouve, sous la date du 16 mars 1768, une lettre intitulée *Folie à M. le duc de Choiseul*, que ce seigneur est censé avoir écrite à Voltaire, et qui est de Voltaire lui-même ; et on y lit ce qui suit : « On « m'a dit que Laharpe s'était pressé d'apporter à Paris votre « second chant de la *Guerre de Genève*, qui n'était pas « achevé ; il faut que vous le raccommodiez. » Ce second chant était le principal objet de la plainte de Voltaire, relativement à la soustraction de ses papiers.

harpe est innocent, Voltaire mérite quelques reproches pour l'avoir cru coupable. Mais ces reproches du moins ne sont pas de nature à flétrir sa mémoire ; et, entre les deux torts, qui pourrait ne pas supposer de préférence celui qui est à la fois le *plus* probable et de beaucoup le moins criminel? Rien, dans tout ce qu'on sait du caractère et de la conduite de Laharpe, n'autorise à croire que la misère même ait pu le pousser à une action basse que la reconnaissance lui défendait de concert avec l'honneur ; et en même tems il est facile de penser que Voltaire a pu être abusé par des rapports mensongers, par des apparences trompeuses, et enfin par son imagination, souvent trop prompte à décider, quand sa raison seule aurait dû prononcer et s'en serait peut-être abstenue. Au milieu de ces incertitudes que la réflexion fixe aisément, il existe un fait incontestable, c'est que le refroidissement réel qui marqua les adieux de Voltaire et de Laharpe, et dont on aperçoit encore de légères traces après leur séparation, ne fut pas de longue durée, et laissa revenir à sa place la même chaleur de sentimens qui l'avait précédé. Laharpe, qui avait mis l'amitié de Voltaire à tant d'épreuves, jugeait bien qu'il lui avait été plus facile de l'exiler de Ferney, que de le bannir de son cœur. Ayant appris alors que M. d'Argental tenait sur lui des propos peu obligeans : *C'est*, dit-il, *un ministre qui se réjouit de la disgrace d'un favori.* Le favori qui parlait ainsi, ne doutait pas que la faveur ne lui fût promptement rendue. Quant à Voltaire, il pardonna, il oublia presqu'aussitôt une faute qui était encore et qui est peut-être toujours restée un fait certain à ses yeux. En rétablissant Laharpe dans tous les droits de l'ancienne amitié, il évita de lui faire souvenir qu'il en avait été dépossédé, et il voulut qu'un assez rare effort d'indulgence eût toute la grâce d'un renouvellement de tendresse. Laharpe, plus d'une fois encore, fut rappelé ou retourna de lui-même à Ferney, et il y jouit constamment de la plus haute faveur.

La disgrace complète de trois tragédies consécutives l'ayant refroidi pour le théâtre, sa première passion et la première source de sa gloire, il s'était enfin ouvert une autre carrière, où le prix de la victoire était moins riche et le triomphe moins populaire; mais où les défaites étaient loin d'avoir un éclat aussi fâcheux, et où les succès étaient beaucoup plus faciles à un talent principalement doué, comme le sien, de sagesse, de pureté, de noblesse et d'élégance. Déjà une de ses pièces de vers avait été couronnée par une Académie de province (1) : c'était avoir essayé ses forces dans les jeux obscurs de quelque bourgade de la Grèce, avant d'oser paraître dans la lice brillante des jeux olympiques. L'Académie française, lasse de couronner l'invincible Thomas, venait de l'enlever du nombre des concurrens pour le faire asseoir au rang des juges. Ce fut alors que Laharpe se présenta dans la carrière. Aspirant tour-à-tour ou en même tems à la palme de l'éloquence et à celle de la poésie, il obtint souvent l'une ou l'autre, et deux fois il les obtint toutes deux. En un seul jour, jour

____

(1) *La Délivrance de Salerne et la Fondation du royaume des Deux-Siciles,* couronnée par l'Académie de Rouen, en 1765.

le plus glorieux dont les annales académiques fassent mention, on le vit traçant le portrait oratoire d'un grand guerrier, l'emporter sur un homme de guerre qui n'était pas un écrivain méprisable ; et, parcourant deux fois la lice poétique, être en même tems le vainqueur qui avait touché le but, et le concurrent qui en avait le plus approché (1). Enfin, en moins de dix années, huit couronnes s'accumulèrent sur sa tête (2).

Cet athlète, si terrible dans les jeux académiques de la capitale, essuya pourtant trois revers dans ces mêmes concours de province, où il avait remporté, sans peine, un nombre égal de victoires ; mais, quand il y fut vaincu, ce fut du moins par des rivaux qui avaient triomphé comme lui dans les concours de l'Académie française. L'un de ces rivaux était Chamfort, bel esprit assez redoutable dans ce genre d'escrime, par la finesse de ses idées et la concision piquante de son style. Deux fois Laharpe fut vaincu par Chamfort. Dans la première lutte, il succomba presque sans humiliation sous un vainqueur qui triomphait sans éclat (3) ; mais

____

(1) En 1775, Laharpe eut le prix d'éloquence pour l'*Eloge de Catinat*, le prix de poésie pour les *Conseils à un jeune Poète*, et l'*accessit* pour l'*Epître au Tasse*. Guibert eut l'accessit du prix de prose.

(2) En 1766, prix de vers pour *le Poète* ; en janvier 1767, prix d'éloquence pour *les Malheurs de la guerre et les Avantages de la paix* ; en août, même année, prix d'éloquence pour l'*Eloge de Charles V* ; en 1771, prix d'éloquence pour l'*Eloge de Fénélon*, et prix de poésie pour *les Talens* ; en 1773, prix de poésie pour l'*Ode sur la Navigation* ; en 1775, prix d'éloquence et prix de poésie pour les ouvrages indiqués dans la note ci-dessus. En tout huit prix.

(3) Le sujet était cette question : *Combien le génie des grands Ecrivains influe sur l'esprit de leur siècle.* Le concours eut lieu en 1767.

l'autre défaite fut fameuse et accompagnée de toutes les circonstances qui pouvaient en faire un échec mortifiant. *L'Éloge de Lafontaine* avait été proposé par l'Académie de Marseille, et Laharpe avait concouru. M. Necker, qui avait de l'amitié pour lui et qui connaissait son discours, enrichit la couronne promise par l'Académie. Voulant lui donner une marque solide de son attachement, il ne voyait pas un moyen plus délicat, il n'en voyait pas un plus sûr. Chamfort, né malin, même un peu jaloux, et qui d'ailleurs trouvait, dans sa position gênée, des motifs pour souhaiter un si beau prix, vit à la fois du plaisir et du profit à s'en emparer, contre l'intention du fondateur ; il concourut aussi, et ce prix lui fut adjugé ; Laharpe n'obtint que *l'accessit*. Leur rivalité datait de loin, et Chamfort avait des revanches à prendre. Dans un tems où il redoutait davantage l'éloquence plus saine et le talent plus littéraire de Laharpe, il avait voulu lui persuader de renoncer aux prix d'académie, et de se réserver pour le théâtre, où il lui montrait en perspective des succès brillans comme celui de *Warwick*. Laharpe n'avait répondu à ce conseil intéressé, qu'en concourant aussitôt et en triomphant de Chamfort lui-même. L'autre concurrent à qui Laharpe fut une fois obligé de céder la victoire, était Gaillard, aussi bon, aussi modeste que le premier était malicieux et vain. L'Académie de la Rochelle proposa *l'Éloge de Henri IV*, et le prix, dont un magistrat célèbre (1), né

---

(1) M. Dupaty, avocat-général au parlement de Bordeaux.

dans cette ville, avait fait seul les frais, devait être une médaille d'or unique, frappée exprès, à un coin particulier, et valant six cents livres. La beauté du sujet et celle du prix tentèrent tous les jeunes orateurs. Chamfort, qui desirait la médaille et craignait beaucoup Laharpe (il ne lui avait pas encore enlevé la riche couronne de Marseille), vint le trouver et lui proposa de se partager entr'eux la France académique, comme autrefois les triumvirs s'étaient partagé l'Univers. La réponse de Laharpe fut : Je me réserve l'Académie française *et le prix de la Rochelle.* Il composa donc un discours, et, après l'avoir envoyé, il en fit de fréquentes lectures dans des cercles nombreux, violant ainsi la loi académique qui défend aux concurrens de se faire connaître avant le jugement. Ces lectures lui procurèrent de vifs applaudissemens ; chacun lui promettait le prix, et lui-même, sans doute, se l'adjugeait. Mais, tandis que sa vanité se repaissait de cette gloire anticipée, l'Académie punissait son indiscrétion, en décernant à un autre le prix qui aurait dû lui appartenir, et en lui donnant seulement l'*accessit.* Il supporta ce revers avec courage. Averti promptement de la décision de l'Académie, il voulut être le premier à en informer son vainqueur. Celui-ci dit quelque part, avec sa candeur accoutumée, que Laharpe *s'en fit un plaisir :* c'est bien assez pour l'honneur de son caractère, qu'il ait fait cette démarche, et qu'il y ait mis quelque bonne grâce. Dans la même année, au concours de poésie de l'Académie française, un même genre de faute lui attira une disgrace à peu près semblable. Il n'est pas aussi certain

cette fois que son ouvrage méritât le prix ;
mais il s'était flatté hautement de l'obtenir,
et il n'eut pas même la faculté de le disputer :
sa pièce fut écartée du concours. L'énuméra-
tion des triomphes académiques de Laharpe ne
peut se terminer plus glorieusement que par la
mention d'un discours, qui pourtant ne fut
point couronné. Il s'agit de l'*Eloge de Racine*,
dont le sujet avait été proposé par l'Académie
de Marseille, mais qui ne put pas être admis
à concourir (1). Au milieu des nombreux ouvrages de l'auteur, auxquels la palme de l'éloquence fut justement accordée, celui-ci se fait
distinguer par une connaissance plus approfon-
die du sujet, et par une élégance de style encore plus soutenue : aussi le public, non moins
bon juge sans doute que les Académies, semble
le dédommager des honneurs qu'il n'a pu obtenir, en lui décernant le prix sur tous les autres.

Du côté de la fortune et de la considération
littéraire, les nombreux succès académiques
de Laharpe avaient remplacé, et peut-être au-
delà, tout ce que ses chutes au théâtre lui
avaient fait perdre ; mais ils n'avaient pu affai-
blir en rien le préjugé qui s'était établi contre
son talent dramatique, et peu s'en fallait qu'ils
ne l'eussent fortifié. Il brûlait et il tremblait à
la fois de rentrer dans une carrière où la préoc-
cupation exerce une influence terrible, où un
triomphe n'est que le gage très-incertain d'une

---

(1) Ce prix fut proposé deux ans de suite, en 1772 et
1773. La première année, Laharpe ayant envoyé trop tard
son discours, prit aussitôt le parti de le faire imprimer. L'année suivante, l'Académie de Marseille n'étant satisfaite d'aucun des ouvrages du concours, et ne pouvant pas couronner un ouvrage imprimé, retira le sujet.

autre victoire, mais où un revers devient souvent plus que le présage d'une nouvelle disgrace. Laharpe avait pu se croire victime de cette espèce de fatalité. On dirait que, long-tems repoussé de la scène par des préventions contraires, il voulut préparer le parterre à l'y revoir plus favorablement, en composant deux ouvrages dramatiques que la nature des sujets ne permit pas de soumettre aux hasards de la représentation publique, et qui eussent assez de mérite pour faire présumer qu'ils en fussent sortis victorieux. Quoi qu'il en soit, *Barnevel* et surtout *Mélanie* (1) firent beaucoup d'honneur au talent de Laharpe; ils accrurent, ils portèrent au plus haut degré qu'elle dût atteindre, sa réputation d'écrivain en vers, que n'avaient point augmentée, depuis *Warwick*, quelques morceaux où la précision et l'élégance n'étaient pas à l'abri du reproche de sécheresse et de froideur. L'Europe n'attendait pas *Mélanie*, comme le disait Voltaire avec l'exagération de l'amitié, et comme Laharpe le répétait avec un sentiment qui blessait un peu plus les bienséances; mais du moins la France et les étrangers, dont notre littérature attachait les regards, accueillirent la *Religieuse* avec un empressement très-vif. Ce n'était point assez du plaisir de lire l'ouvrage : on brigua de toutes parts la faveur de l'entendre lire par l'auteur lui-même ; et celui-ci, privé des applaudissemens du public assemblé, en fut dédommagé, autant qu'il pouvait l'être, par les larmes qu'il faisait répandre

______

(1) *Mélanie* fut imprimée, pour la première fois, en 1770, et jouée sur le Théâtre français en 1793.

chaque

chaque jour dans de nombreuses et brillantes réunions.

Vers ce même tems, quelques productions d'un genre différent et d'une bien moindre importance agrandirent beaucoup la réputation poétique de Laharpe, en faisant apercevoir dans son talent des qualités qu'on n'y avait pas encore soupçonnées, c'est-à-dire, la facilité, la grâce, la finesse et l'enjouement. Voltaire avait publié son *Épître à Horace*. Laharpe y fit une *Réponse* qui ne parut indigne ni de son titre ni de son adresse, et Voltaire n'eut pas à se plaindre cette fois qu'un grand poète lui eût *répondu par un plat secrétaire* (1). Il dut aussi s'applaudir de voir sa manière imitée heureusement par son élève chéri, dans l'*Ombre de Duclos*, pièce ingénieuse et gaie, où la satire est mise en action comme dans le *Pauvre Diable*, où la malice n'est guère moins piquante, et où le même mètre est employé presqu'avec la même aisance. Plus tard, l'imagination de Laharpe, se montrant encore plus riante, plus gracieuse et plus flexible, embellit de détails plaisans et de descriptions voluptueuses, le vieux conte, d'origine arabe, dont elle fit le petit poëme de *Tangu et Félime* (2).

Mais tandis que le public applaudissait à ses productions poétiques, ses ennemis attaquaient

---

(1) Voltaire ayant publié son *Épître à Boileau*, feu Clément y fit une *Réponse*. Voltaire, à qui elle était faite pour déplaire beaucoup, commença ainsi son *Épître à Horace :*

> Toujours ami des vers, et du diable poussé,
> Au rigoureux Boileau j'écrivis l'an passé :
> Je ne sais si ma lettre aurait pu lui déplaire ;
> Mais il me répondit par un plat secrétaire, etc.

(2) Publié en 1780, *in-8°*.

violemment sa réputation de littérateur ins-
truit et de bon humaniste. Une traduction de
Suétone (1) fut la cause de tout ce déchaîne-
ment. Ce n'était pas un ouvrage de son choix;
il l'avait entrepris uniquement pour plaire à
M. de Choiseul, près de qui il jouissait alors
d'une assez haute faveur. Trop empressé d'a-
chever ce travail qui lui plaisait peu, trop
confiant d'ailleurs dans ses propres lumières,
pour emprunter celles des autres et profiter
des recherches de l'érudition, il lui arriva en
plusieurs endroits de mal saisir le sens de son
auteur. Ses ennemis, sans lui tenir aucun
compte de l'élégance de style qui régnait dans
tout l'ouvrage, relevèrent ce petit nombre de
fautes avec une morgue et une dureté toutes
pédantesques. Il n'y avait sans doute que la
haine et la mauvaise foi qui pussent triom-
pher si fort de quelques contre-sens faciles à
éviter, et en conclure que celui qui, de son
tems, avait été le plus brillant élève de l'Université, ne savait pas assez de latin pour entendre le sec biographe des douze Césars.
Plusieurs années après, Laharpe publia une
traduction de la *Lusiade* (2), en déclarant
qu'elle était faite sur une version littérale du
texte portugais. Ses détracteurs, qui ne sa-
vaient pas plus que lui la langue du Camoëns,
ne purent d'aucune manière lui reprocher de
l'ignorer; et, dans cet ouvrage, dont les idées
ne lui appartenaient pas, sa prose, habituelle-
ment correcte, élégante, noble et facile, ne
leur laissa rien à reprendre. Il aurait fallu qu'à

---

(1) Imprimée en 1770, 2 volumes *in-8°*.
(2) Imprimée en 1776, 2 volumes *in-8°*.

toutes ces qualités sa versification en réunît d'autres encore plus rares et plus précieuses, pour qu'il réussît dans la traduction de la *Jérusalem délivrée*, qui fut un de ses derniers travaux purement littéraires. On n'y retrouve pas, il faut l'avouer, le feu poétique, l'harmonie variée, le coloris séduisant, enfin la magie de style qui distinguent si éminemment la brillante épopée du Tasse. On regrette peu que Laharpe n'en ait traduit que les huit premiers chants ; mais on doit regretter qu'il y ait consacré sans fruit un tems considérable, et appliqué sans succès un talent digne d'estime. Il eût fait de l'un et de l'autre un plus heureux emploi sans doute, en continuant à traduire la *Pharsale*, dont il n'a laissé que quatre chants (1). Sa manière, où l'on remarque plus de fermeté et de précision que d'éclat et de souplesse, eût rendu, sans trop d'infériorité, les beautés d'un original plus riche en pensées fortes, qu'en traits vraiment poétiques ; et son goût eût sagement élagué les superfluités et les exagérations dont le talent trop peu mûr et l'emphase espagnole de Lucain ont surchargé cette composition.

Depuis long-tems, une place à l'Académie française était due aux talens et aux succès de Laharpe ; depuis long-tems, quelques académiciens l'y appelaient de tous leurs vœux ; mais d'autres, en plus grand nombre, avaient fait craindre une opposition très-forte : aussi, parmi les partisans de Laharpe, ceux mêmes qui avaient le plus d'influence et de résolution, avaient-ils souvent suspendu leurs dé-

____

(1) Les livres I, II, VII et X.

marches et arrêté les siennes, dans la crainte qu'un refus trop positif ne reculât bien loin le moment de les reprendre avec espoir de succès. Mais enfin il arriva une époque où la faiblesse croissante des choix précédens avait rendu le sien nécessaire, même à l'honneur de l'Académie ; une époque où ne point l'admettre n'eût pas été simplement en recevoir un autre de préférence à lui, mais l'exclure lui-même formellement. Laharpe alors se présenta et fut nommé. Son discours de réception, sans avoir jeté un éclat bien vif, fut celui d'un écrivain qui avait fait un trop long et trop heureux apprentissage du style académique, pour ne pas l'employer en maître dans une telle circonstance (1). Ce qu'il y a de plus remarquable dans ce discours, c'est le caractère presque prophétique des vœux que l'orateur formait, en finissant, pour le retour de Voltaire à Paris, et pour son triomphe au théâtre. « Quel moment, disait-« il, si nous pouvions le voir, à la fin de sa car-« rière, jouir à la fois de sa gloire et de sa pa-« trie ; s'il pouvait, sur ce théâtre qu'il a tant « de fois embelli de ses chefs-d'œuvre, s'a-« vancer, courbé sous l'amas de ses couronnes, « répondre, par des larmes de joie, aux cris « de la France assemblée, et, plus heureux « que Sophocle, survivre à son triomphe ! »

Moins de deux ans après, toutes les parties de cette espèce de prédiction s'accomplirent, à l'exception d'une seule. Voltaire revint à Paris, triompha au théâtre, mais, partageant le destin de Sophocle, comme il partageait sa gloire, mourut sous les lauriers dont on ve-

---

(1) Laharpe fut reçu à l'Académie le 20 juin 1776.

naît de charger sa tête plus qu'octogénaire. La
mort de ce grand-homme ne pouvait manquer
d'être un événement dans la vie de Laharpe,
de celui qui, pendant quinze années, avait été
son disciple chéri, et, pour ainsi dire, son fils
d'adoption. Il fut bien malheureux alors pour
Laharpe, et il est encore aujourd'hui bien affli-
geant pour sa mémoire, que, dans une circonstance où il ne pouvait faire éclater des marques trop convaincantes de sa douleur et de sa
reconnaissance, il ait donné sujet aux amis de
son bienfaiteur, au public entier, de l'accuser
d'ingratitude et d'insensibilité. Voltaire mort,
il avait été défendu aux journalistes de parler
en aucune manière, en aucun sens, de sa personne et de ses écrits; le Théâtre même avait
reçu l'ordre de suspendre la représentation de
ses nombreux ouvrages. Deux mois après, Laharpe rompit le premier ce silence universel,
et ce fut pour faire, dans le *Mercure de France*,
une critique au moins sévère de la tragédie de
Zulime. Un ami de Voltaire lui fit cruellement
expier ce tort par une lettre publique qui lui fut
remise sur le théâtre, au moment même où l'on
y décidait avec rigueur le sort de sa tragédie des *Barmécides* (1). Ces deux coups, qui
lui étaient portés à la fois, cette imputation,
flétrissante pour son caractère, qui se mêlait
à cette chute humiliante pour son talent, ne
lui laissèrent pas (ce furent ses propres termes)
assez de liberté d'esprit pour faire sur-le-
champ une réponse convenable. Dès qu'il fut
remis de ce trouble que produisait sans doute
en partie le vif sentiment de sa faute, il écrivit
une longue apologie qui le justifiait mal. Sans

----

(1) Représentée, pour la première fois, le 11 juillet 1778.

doute *Zulime* est une tragédie peu digne de Voltaire, et tout littérateur, dans l'obligation d'en parler, avait le droit d'en remarquer les défauts ; mais il existe des droits supérieurs à ceux de la justice littéraire ; il y a des positions, des circonstances qui suspendent l'exercice de la critique, et imposent des devoirs beaucoup plus respectables que celui de juger avec sévérité un mauvais ouvrage. Dans un moment où l'autorité, redoutant les hommages et même les insultes dont la mémoire de Voltaire pouvait être l'objet, croyait prudent de fermer toutes les bouches de la critique, ouvrir la sienne sans nécessité, pour parler d'un de ses plus faibles ouvrages, et en parler avec la rigoureuse froideur de l'impartialité, était, de la part de Laharpe, un oubli total des bienséances les plus impérieuses. Voilà ce qu'on sentit alors, ce que sentent encore aujourd'hui les ames bien nées ; et tous les sophismes d'un homme d'esprit qui cherche à excuser les torts de son cœur ne peuvent prévaloir contre ce sentiment.

Laharpe, tout en cherchant à se justifier de sa faute, n'en éprouvait pas moins le besoin de la réparer. Coupable d'avoir exercé prématurément sa critique contre Voltaire, il se hâta de chanter les louanges de ce grand-homme sur tous les tons que la prose et la poésie permettaient à son talent ; et cette sorte d'expiation nous a valu trois ouvrages qui n'ont pas été inutiles à sa propre gloire. Les *Muses rivales* (1) sont une assez heureuse allégorie à l'universalité des talens de Voltaire. Chacune des Muses brigue le droit de le couronner ; et, après une

____

(1) Cette petite pièce fut jouée le premier février 1779.

contestation qui laisse quelque tems les esprits suspendus , Melpomène l'emporte sur ses sœurs. Cette petite comédie, dont le cadre est habilement rajeuni par l'agrément des détails, obtint un plein succès. L'auteur resta d'abord ignoré ; il ne se fit connaître que quand ses ennemis eurent assez hautement loué son ouvrage , pour ne pouvoir se rétracter sans embarras et sans honte. Le *Dithyrambe aux Mânes de Voltaire* fut aussi un mystère ; il fut de plus une infraction aux lois de l'Académie, peut-être même à celles de la stricte délicatesse , puisque l'auteur , académicien , concourut pour un prix, qu'en cette qualité il était appelé à décerner. Mais il voulait, a-t-il dit lui-même, paraître au premier rang dans tout ce qui se ferait pour honorer la mémoire de Voltaire ; et cette résolution , dont on connaît les motifs, ne trouva pas un obstacle suffisant dans le respect dû aux statuts académiques. Du reste, Laharpe , content du laurier, abandonna la couronne d'or au concurrent qui avait le plus approché de lui (1). Son *Éloge de Voltaire* ne fut point provoqué par un programme d'Académie, et ne parut point couvert du voile de l'anonyme. Il le composa pour qu'il ne fût pas possible de dire qu'il avait négligé une seule des manières de célébrer son illustre bienfaiteur ; et c'est peut-être, avec l'*Éloge de Racine* , ce qu'il a écrit de plus parfait dans ce genre d'éloquence tempérée, où la dissertation littéraire emprunte avec discrétion les formes et les mouvemens oratoires.

Il lui fut enfin permis de jouir du fruit de

____

(1) Le *Dithyrambe aux Mânes de Voltaire* fut couronné dans la séance de l'Académie du mois d'août 1779.

ses travaux. Sa fortune était devenue telle, que l'ambition de tout véritable homme de lettres eût pu en être satisfaite. Quelques revenus fixes lui assuraient une existence honnête et pouvaient même parer aux accidens imprévus de la vie. Du reste, au point de considération littéraire où il était parvenu, il n'avait plus qu'à choisir entre les occasions d'employer utilement sa plume laborieuse et facile (1). La littérature avait fait et faisait encore chaque jour de grandes pertes. Le tems arriva bientôt où le disciple de Voltaire devait y briller au premier rang, et fixer sur lui tous les regards. Les princes étrangers qu'attiraient les plaisirs, les arts et les sociétés de notre capitale, l'honoraient des distinctions les plus flatteuses ; un d'eux avait voulu tenir de lui le choix des productions de l'esprit français et le jugement qu'il en fallait porter (2). Les grands seigneurs et les gens de fortune, toujours prêts à les imiter, l'invitaient à leurs plus brillantes réunions. Des ministres lui accordaient leur confiance, lui expliquaient leurs vues, et le sollicitaient même quelquefois de prêter à leurs projets l'agrément de son style, ou d'y donner l'appui de son assentiment. Tous les jeunes littérateurs le consultaient comme l'oracle du goût, recevaient ses avis comme une loi, et ses encouragemens comme un titre de gloire. Ses ennemis mêmes, d'autant plus animés contre lui, que son sort était plus brillant, et qu'il paraissait en jouir davantage, se montraient, sinon moins injustes, du moins un peu plus réservés dans leurs atta-

---

(1) C'est alors qu'il entreprit l'*Abrégé de l'Histoire générale des Voyages*, de l'abbé Prévost. Il en a donné les vingt-un premiers volumes.

(2) Le Grand-Duc de Russie.

ques ; et lui les repoussait plus que jamais avec un extrême mépris où le public commençait à ne plus trouver un extrême orgueil.

Laharpe n'avait pu voir arriver des jours plus calmes et plus prospères, sans se rengager avec une nouvelle ardeur dans les nobles dangers du théâtre. La chute même des *Barmécides*, qui fut lente et sans éclat, avait prouvé que la rage de ses ennemis n'avait plus autant de force ou du moins autant de pouvoir. De son côté, il rencontra des sujets plus heureux et eut de meilleures inspirations. *Jeanne de Naples*, *Coriolan* et *Virginie* (1), eurent tous les honneurs réservés aux bons ouvrages, l'approbation du public impartial, et l'opposition d'une minorité ennemie. Ils demeurèrent assez long-tems en possession de la scène, pour constater à la fois le succès qu'ils y avaient obtenu, et le droit qu'ils ont d'y reparaître. *Philoctète*, imité de Sophocle, sembla réunir tous les suffrages (2). Le style élégant de l'écrivain ne pouvait pas être un mérite contesté ; et la fidélité de l'imitateur ne permettait pas d'attaquer l'ouvrage sous d'autres rapports, sans faire tomber sur le poète ancien les reproches qu'on eût adressés au moderne. La même année qui vit le triomphe de *Philoctète*, fut marquée par la chute des *Brames* (3) ; et c'est la seule disgrace qui ait interrompu cette assez longue suite de succès que les *Muses rivales* avaient commencée. L'ouverture et l'inauguration de la nouvelle salle du Théâtre

---

(1) *Jeanne de Naples* fut représentée, pour la première fois, le 12 décembre 1781 ; *Coriolan*, *le* 2 mai 1784, et *Virginie* le 11 juillet 1786.

(2) *Philoctète* fut joué le 16 juin 1783.

(3) *Les Brames* furent joués le 15 décembre 1783.

français, au faubourg Saint-Germain, fournirent à Laharpe l'occasion de réussir une seconde fois dans le genre de la comédie à épi-
sodes. Sa petite pièce intitulée *Molière à la
nouvelle Salle* (1), semée de traits fins, gais
et malins, amusa tout Paris et les ennemis
mêmes de l'auteur, pour qui son nom était
un secret, et qui n'avaient pu s'arranger de
manière à éprouver de l'ennui. C'est ici le lieu
d'observer que cette sorte de précaution, prise
assez souvent par Laharpe, lui réussit toujours;
et il faut peut-être en conclure qu'il ne lui a
manqué, pour compter quelques succès de
plus au théâtre, que d'avoir dérobé plus souvent encore la connaissance de son nom à la
rage de ses détracteurs.

Ses détracteurs! Chaque jour, chaque instant de sa vie avait été employé à en accroître
le nombre et la fureur. Ses études à peine
achevées, il descendit dans l'arène de la critique, n'en disparut que rarement pour s'y
remontrer bientôt; et ses luttes continuelles
n'y eurent guère d'autre terme que celui de
son existence. Dans un ministère dont l'exercice essentiellement rigoureux ne saurait être
tempéré par trop de ménagemens, il porta
toute l'âpreté d'un caractère aigri par l'infortune, et tout l'orgueil d'un talent qui, exagé-
rant à la fois son élévation et l'infériorité des
autres, croyait voir entr'eux et lui un im-
mense intervalle. Ses qualités mêmes lui attiraient justement le blâme et l'animadversion,
parce qu'en les outrant, il les changeait en
autant de défauts insociables. Sa franchise eut

____

(1) Représentée le 12 avril 1782.

trop souvent le caractère d'une rudesse gratuitement insultante ; et son attachement aux vrais principes, celui d'un zèle amer et intolérant. On eût dit que tout ce qui offensait la rectitude de son jugement et la délicatesse de son goût, l'offensait lui-même personnellement : aussi avait-il moins l'air d'en faire justice que d'en tirer vengeance. Ne dissimulant, surtout ne trahissant jamais ses sentimens, et toujours aussi certain de la justesse que de la sincérité de ses opinions, il tenait fortement à faire passer dans l'esprit des autres la conviction dont le sien était pénétré ; mais il semblait ignorer que ce genre de succès s'obtient plus aisément par la douceur que par la violence, et que la vérité impérieuse échoue souvent où réussit l'erreur insinuante. Ces torts, passés presque tous du caractère dans les écrits, fournissaient à ses ennemis autant d'armes contre lui ; mais les coups que sa critique portait n'en étaient ni moins sûrs, ni moins douloureux. Cette critique était terrible ; car elle était en même tems rigoureuse et juste. Rien ne lui échappait ; elle ne pardonnait rien et elle prouvait tout, rendait tout palpable. Dans la production la plus brillante et la plus estimée, l'imperfection la plus légère était relevée par lui avec un ton de rigueur inflexible qui attestait la sincérité de ses éloges, mais aussi en corrompait toute la douceur et lui en faisait perdre tout le mérite aux yeux de celui qui en était l'objet. De même si, dans l'ouvrage le plus décrié et le plus digne de l'être, quelque beauté se trouvait cachée au milieu de nombreux défauts, il se plaisait à la faire valoir ; et cet acte d'équité, plus cruel dans ses effets que généreux dans son principe, consacrait la bonne

foi de ses censures et leur donnait un poids
accablant. Aussi Laharpe, juge de presque tous
les écrivains de son tems, se fit d'eux autant
d'ennemis secrets ou déclarés : les uns crurent
lui devoir plus de ressentiment que de reconnaissance , parce que sa critique avait souvent
mieux démontré leurs fautes, que fait valoir
leurs qualités ; et les autres ne mirent point de
bornes à leur haine contre lui , précisément
parce qu'il leur avait ôté le droit de se plaindre.
Plus d'une menace injurieuse, plus d'une scène
outrageante, attestèrent les fureurs et les vengeances brutales de l'amour-propre blessé :
plus d'une fois l'Académie, voyant la considération du corps compromise par les affronts
auxquels s'exposait un de ses membres, crut
devoir intervenir dans ces rixes fâcheuses, et
exiger de Laharpe qu'il ne joignît pas au malheur d'être en butte à tant d'ennemis, le tort
de les imiter dans leurs violences (1).

Ce talent si propre à la discussion littéraire,
si habile dans l'examen, l'analyse et le jugement des ouvrages, Laharpe dut à des circonstances indépendantes de sa volonté l'occasion
de l'exercer d'une manière plus paisible, plus
digne, plus glorieuse pour les lettres et pour
lui-même. On vit se former dans Paris cet établissement connu sous le nom de *Lycée*, dont
l'objet était de répandre, par des cours publics, moins l'enseignement que l'amour des
sciences et des arts de l'esprit (2). La chaire

______

(1) L'Académie obligea Laharpe de faire des réparations
à M. Dussieux, un des rédacteurs du *Journal de Paris*, qu'il
avait insulté fort griévement. L'abbé de Boismont, son con-
frère, disait : *Nous aimons infiniment M. de Laharpe ; mais,
en vérité on souffre de le voir arriver sans cesse avec l'oreille
déchirée.*

(2) Le Lycée fut fondé en 1786.

de littérature fut confiée à Laharpe. Jamais choix ne fut meilleur et plus applaudi, ne justifia, par des résultats plus heureux, des espérances plus solidement fondées. On ne peut s'empêcher de remarquer ici un effet de cette espèce de fatalité qui préside aux événemens littéraires, comme à tous les autres. Des leçons qui, dans l'origine, servaient à l'amusement passager de deux ou trois cents auditeurs désœuvrés, devaient devenir un beau monument élevé à la gloire des lettres françaises, et une digue puissante opposée à l'invasion du mauvais goût et des fausses doctrines ; ces mêmes leçons, dans le succès desquelles Laharpe put ne voir d'abord qu'une vogue passagère et un léger accroissement de célébrité, sont devenues le fondement le plus durable de sa réputation, celui qui seul suffira pour la soutenir, quand tous ses autres appuis auront été affaiblis et peut-être même entraînés par le tems. Rien de tout cela, sans doute, n'eût existé, ni pour Laharpe ni pour nous, si quelques amateurs des sciences et des lettres n'eussent conçu l'idée d'une institution jusque-là sans modèle, dont l'utilité présente ne se faisait pas sentir bien fortement, et qui était loin de promettre des fruits aussi précieux pour l'avenir.

Les travaux qu'exigeait le *Cours de Littérature* absorbèrent tous les instans de Laharpe, pendant les trois années qui précédèrent la Révolution. Durant tout ce tems, l'ardeur du maître et le zèle des disciples s'échauffèrent mutuellement et se soutinrent au même degré. La Révolution arriva. Dès-lors les lettres, douce et suffisante occupation des esprits dans les tems de calme et de bonheur, ne furent plus qu'une distraction insipide et hors de saison pour des ames incessamment agitées de crainte et d'espoir, dont les plus chers intérêts étaient débattus chaque jour par les passions et les préjugés, sous les noms imposans de patriotisme et de fidélité monarchique. Laharpe fit de vains efforts pour retenir autour de la tribune littéraire, où il réglait paisiblement les rangs entre les divers écrivains, des auditeurs dont le sort se décidait au même instant, du haut de plus d'une tribune politique. Lui-même, il ne resta pas tellement renfermé dans ses idées favorites et dans ses occupations accoutumées, qu'il ne prît part de plus d'une manière à ce mouvement extraordinaire. Il avait jusque-là professé, dans ses écrits et dans ses discours, les principes appelés philosophiques; mais avec choix et surtout avec modération. Un an avant la Révolution, à l'époque où le nom de philosophe était le plus en honneur, et où lui-même s'honorait le plus de le porter, il n'avait pas craint de réfuter, dans la tribune du Lycée, les sophismes pernicieux et calomniateurs d'Helvétius. A la vérité, on avait pu croire que cette vengeance, exercée au nom de la saine morale, n'était pas exempte de ressentiment personnel, et que l'auteur tragique faisait expier au philosophe un de ces mots profondément malins, dont l'offensante vérité est plutôt fortifiée qu'affaiblie par l'exagération satirique (1). Quoi qu'il en soit, Laharpe, sincère et chaud partisan des nouveaux réformateurs, applaudit à la chute de toutes les anciennes institutions signalées alors comme de

-----

(1) Helvétius avait dit : *Laharpe a beau faire, il ne sera jamais que le Campistron de Voltaire.*

vieux abus, et se félicita hautement d'avoir porté à quelques-unes d'elles des coups qui devaient en avoir avancé ou du moins préparé la ruine. Il fit plus : lorsque chaque jour voyait éclore tant d'écrivains nouveaux, qui se croyaient obligés d'éclairer la France et l'Europe, il ne voulut pas se laisser oublier par un public accoutumé depuis long-tems à s'occuper de lui et de ses écrits ; il reprit la rédaction du *Mercure*, qu'il avait abandonnée, et là ; renfermé en apparence dans le domaine de la littérature, il fit de fréquentes excursions dans celui de la politique, en proposant ses idées sur les réformes déjà faites ou sur celles qui, suivant lui, restaient encore à faire.

Cependant la Révolution marchait ; la chimère de liberté et de bonheur public, que les meilleurs citoyens avaient embrassée, s'était évanouie ; aux excès passagers de la licence avaient succédé les forfaits journaliers d'une anarchie organisée ; la tête du dernier roi était tombée sur un échafaud, et la Terreur régnait sur la France. Cette affreuse divinité voulait des crimes pour offrandes ; mais on l'appaisait ou plutôt on la trompait quelquefois par de vaines vociférations et de feints transports de fureur. Laharpe eut la faiblesse de s'abandonner, dans des vers froidement frénétiques, aux accès d'un délire que son cœur désavouait sans doute, et de couvrir sa tête, à la tribune du Lycée, d'un hideux bonnet, autrefois le signe de l'affranchissement, et devenu celui du plus odieux esclavage. Ces actes de pusillanimité ne le préservèrent pas : il en perdit le fruit, mais il en répara la honte, en déployant plusieurs fois une liberté courageuse. L'absurdité et l'ignorance grossière de nos tyrans offensaient sa raison et son goût, au moins autant que leur atrocité révoltait son ame. Il laissa entrevoir dans quelques écrits, il manifesta ouvertement, dans ses discours, son horreur et son mépris pour eux. Celui qui a mérité d'être leur chef, puisqu'il était le plus froidement cruel de tous, joignait de hautes prétentions à une honteuse nullité de moyens; il aspirait particuliérement à la gloire de l'orateur et de l'écrivain. Laharpe ne craignit pas de dire que cet homme sanguinaire était un homme profondément inepte : c'était un crime irrémissible. Dès-lors sa perte fut jurée, et il fut jeté dans une de ces prisons qui alimentaient réguliérement l'échafaud (1).

Là, voyant chaque jour de nouvelles victimes quitter ses côtés pour aller à la mort, il attendait, à chaque instant, qu'on vînt le chercher pour l'y conduire lui-même. Il se fit alors une prodigieuse révolution dans ses idées. Plusieurs de ses compagnons de malheur s'étaient jetés dans les bras de la religion, asyle ordinaire de l'extrême infortune. Parmi eux, une femme pieuse, aimable et spirituelle, crut qu'elle ferait une œuvre des plus méritoires, si elle attirait à la foi de l'Évangile un incrédule tel que Laharpe. D'abord elle lui conseilla la lecture des *Pseaumes de David*, ouvrage dont les beautés poétiques suffiraient pour captiver l'homme que toucheraient le moins les sentimens religieux dont il est rempli. Ensuite elle desira, elle obtint de lui, qu'il fît, sur ce livre, un Commentaire purement littéraire. En commença... travail, il n'était encore que frappé d'admiration pour les traits sublimes dont les

____

(1) Cette prison était le Luxembourg.

chants du Roi-Prophète étincellent : avant de l'achever, il était pénétré de conviction pour les vérités divines qu'ils renferment. Ces deux sentimens sont exprimés avec une égale force dans le beau discours préliminaire placé en tête de sa traduction du *Pseautier* (1). A en juger d'après des notes manuscrites qu'il a laissées, et où sont décrites diverses particularités de sa vie, Dieu a presque recommencé, pour achever sa conversion, le miracle qui opéra celle de saint Augustin. Il n'eut point de vision ; il n'entendit pas de voix qui lui dît : *Prends et lis;* mais, demandant à Dieu quelque remède au trouble inexprimable dont son ame était remplie, il ouvrit au hasard l'*Imitation de Jésus-Christ,* qu'il avait sur sa table, et il tomba sur ces paroles : *Me voici, mon fils, je viens à vous parce que vous m'avez invoqué.* Il faut lui laisser à lui-même le soin de rendre l'effet que produisirent sur lui ces paroles.

« Je n'en lus pas davantage ; l'impression
« subite que j'éprouvai est au-dessus de toute
« expression, et il ne m'est pas plus possible
« de la rendre que de l'oublier. Je tombai la
« face contre terre, baigné de larmes, étouffé
« de sanglots, jetant des cris et des paroles
« entrecoupées. Je sentais mon cœur soulagé
« et dilaté, mais en même tems comme prêt
« à se fendre. Assailli d'une foule d'idées et
« de sentimens, je pleurai assez long-tems, sans
« qu'il me reste d'ailleurs d'autre souvenir de
« cette situation, si ce n'est que c'est, sans
« aucune comparaison, ce que mon cœur a
« jamais senti de plus violent et de plus déli-
« cieux, et que ces mots : *Me voici, mon fils!*

____

(1) Publiée en l'an VI, *in-*12 et *in-*8°,

« ne cessaient de retentir dans mon ame, et
« d'en ébranler puissamment toutes les fa-
« cultés..... »

Nous ignorons sur quoi pouvaient être fon-
dés les doutes que quelques personnes ont
élevés, relativement à la sincérité de cette
conversion. On juge ordinairement mal d'une
position dans laquelle on ne s'est pas trouvé,
et de l'effet qu'elle a dû produire sur l'esprit
des autres. Comment déterminer la nature et
assigner les bornes du changement que pouvaient produire dans les opinions, dans les sentimens d'un homme, l'attente continuelle d'une
mort qui semblait inévitable, le besoin de
trouver des adoucissemens à un malheur sans
remède, et le spectacle de ceux qui puisaient
des consolations si efficaces dans leur croyance?
La tête de Laharpe était peut-être plus sus-
ceptible que beaucoup d'autres, de l'exaltation
causée par l'infortune. L'orgueil et l'amour personnel la rendaient faible. Rempli de lui-même
et pénétré de son importance, Laharpe ne put
croire qu'une révolution qui le précipitait dans
une prison, pour l'envoyer sur un échafaud,
fût seulement le résultat affreux, mais naturel,
des passions des hommes, et surtout d'un fu-
neste enchaînement de circonstances. Dans un
tel bouleversement, cause d'un tel malheur, il
ne vit pas moins que l'ouvrage de la puissance
infernale à qui Dieu avait permis de désoler la
France, pour son châtiment et pour l'exemple
du monde. Simplement spectateur des maux de
la Révolution, Laharpe, tout en les détestant,
en eût calculé philosophiquement les causes,
comme celles de toutes les autres grandes ca-
tastrophes de l'Histoire. Mais du moment qu'il
fut victime de ces maux, il lui sembla que le

ciel et l'enfer avaient uni leurs vengeances
pour les faire fondre sur la terre. Cette expli-
cation, purement humaine, d'un fait qui a
surpris trop de personnes et trouvé trop d'incrédules, n'empêche pas qu'on ne puisse,
comme Laharpe lui-même, reconnaître dans
sa conversion un effet de la grâce et une faveur spéciale de la Divinité. Mais il est inutile
d'y assigner une cause surnaturelle, pour croire
qu'elle fut complète et surtout sincère. Il suffit
de se demander quel intérêt présent ou éloigné
Laharpe pouvait avoir à professer de bouche
les principes du christianisme, s'il ne les avait
eus dans le cœur. L'espèce de honte attachée à
tout changement subit d'opinion, les sarcasmes
des indévots, la défaveur, la persécution même
d'un gouvernement dont la haine pour le
catholicisme alla jusqu'à l'absurde projet d'y
substituer une religion nouvelle, voilà tout
ce qu'il put espérer; voilà aussi tout ce qu'il
obtint, en désertant le parti de l'incrédulité,
pour embrasser la cause de l'Evangile. S'il
n'eût compté que sur les récompenses de la
terre, s'il n'en eût pas espéré d'autres dans un
monde meilleur, les avantages que sa conversion lui procura dans celui-ci ne méritaient
pas, il faut en convenir, qu'il renonçât aux
opinions de toute sa vie.

Oublié dans sa prison, ou plutôt réservé
pour un tems qui ne pouvait être éloigné, il
eut le bonheur d'atteindre ainsi l'époque où
la France fut délivrée de ses bourreaux. Il fut
bientôt rendu à la liberté ; et, après quelque
tems, il reparut à la tribune du Lycée. Là,
il fit solemnellement abjuration de ce qu'il
nommait ses anciennes erreurs, et profession
des vérités nouvelles que le malheur lui avait

révélées. En même tems, avec une énergie qui allait jusqu'à la violence, il retraça les tems affreux qui venaient de disparaître, et combattit les restes encore vivaces de l'hydre qu'on avait abattue. Il s'adressait aux mêmes passions, aux mêmes ressentimens dont il était agité ; il exprimait avec éloquence des sentimens qui étaient dans presque toutes les ames : il obtint un succès prodigieux. La religion lui avait seulement donné d'autres opinions ; elle n'avait encore ni adouci son caractère, ni tempéré ses passions. Il avait conservé surtout le même esprit de domination, le même ton de hauteur et d'arrogance envers les hommes qui osaient avoir d'autres opinions que les siennes. Cette dureté, cette acrimonie qu'il portait autrefois dans ses discussions littéraires, se reproduisirent dans ses controverses religieuses ; mais accrues, fortifiées de tout ce que le souvenir vindicatif de ses maux , l'inflexibilité des dogmes évangéliques, et l'indiscrète manie du prosélytisme pouvaient y avoir ajouté de haineux, de despotique et d'intolérant. C'est dans cette triste disposition qu'il revit les anciennes parties du *Cours de Littérature*, et qu'il composa les nouvelles. C'est ainsi qu'il gâta ce bel ouvrage en y imprimant le sceau révolutionnaire, en y mêlant le langage forcené des partis aux doux entretiens de la raison , de l'esprit et du goût. La tribune du Lycée ne lui suffit pas pour foudroyer les doctrines dont il était devenu l'adversaire ; il voulut s'en ériger une autre, en créant un nouveau journal (1). Cette feuille périodique et quelques autres écrits, qui tous attaquaient avec plus ou moins d'au-

____

(1) Le *Mémorial.*

dace le gouvernement établi, le firent envelopper dans la proscription du 18 fructidor.

Il fut assez heureux pour échapper aux marais infects de Sinnamary : on lui procura, à quelques lieues de Paris (1), un asyle sûr, dont le secret ne fut jamais compromis, quoique l'amitié y pénétrât assez souvent pour lui porter des consolations, et que lui-même entretînt des communications journalières avec la capitale, pour l'impression de son *Cours de Littérature*. Dans cette retraite, où il passa vingt-huit mois, son ardeur et sa facilité pour le travail semblaient s'être augmentées ; il y entreprit, il y fit marcher de front la composition de trois grands ouvrages, tous trois consacrés à la gloire de la religion. L'un avait pour objet de distinguer les philosophes du dix-huitième siècle qui l'ont reconnue ou ménagée, d'avec les sophistes de la même époque qui l'ont combattue (2). Le but de l'autre était de la défendre contre les attaques des incrédules de tous les siècles (3). L'autre enfin devait embellir des ornemens de la poésie l'histoire de son établissement, de ses vicissitudes et de son éternel triomphe (4). La mort n'a permis à l'auteur d'achever aucune de ces trois compositions. On a fait éclater à ce sujet les plus vifs regrets : on a prétendu que, dans ces écrits religieux, Laharpe s'était élevé à une sublimité qu'il était loin d'avoir jamais atteinte dans les productions profanes de sa jeunesse et de sa maturité. Il est certain du moins qu'il y a mis une chaleur et une énergie jusqu'alors étrangères à son style. Mais

____

(1) A Corbeil.
(2) La *Philosophie du dix-huitième siècle.*
(3) L'*Apologie de la Religion.*
(4) *La Religion*, poëme.

n'aurait-on pas fait honneur au talent de ce qu'il faudrait attribuer seulement à la nature des sujets? Des personnes prévenues des mêmes idées que Laharpe, et animées des mêmes intérêts, ont pu prendre pour un redoublement de force dans la verve oratoire ou poétique de l'écrivain, la véhémence toute naturelle du controversiste; elles ont pu confondre les accès d'une sainte fureur que n'enchaîne aucune considération humaine, avec les élans impétueux d'un génie qui franchit les bornes de sa propre sphère.

Le 18 brumaire vint mettre un terme à la longue proscription de Laharpe. De retour à Paris, il reparut de nouveau dans la chaire du Lycée, et sa voix y excita les applaudissemens accoutumés. Fêté par de nombreux amis, honoré par un public qui revenait chaque jour davantage à l'amour et à l'estime des lettres, il pouvait achever sa carrière dans un calme rempli de dignité. Il porta lui-même une cruelle atteinte à son repos et à sa considération, lorsqu'il publia sa *Correspondance littéraire* avec le grand-duc de Russie (1). Ce Recueil, qui s'étend depuis 1774 jusqu'à la première année de notre révolution, offre la notice et l'appréciation rapide de toutes les productions qui parurent dans cet intervalle. Si Laharpe s'était montré excessivement rigoureux dans des jugemens publics, où des considérations de plus d'une espèce lui prescrivaient quelques ménagemens, il avait dû garder d'autant moins de mesure dans le secret de cette correspondance lointaine, qu'en la rédigeant,

----

(1) Cette Correspondance parut en 1801, 4 vol. *in-8°*. En 1807, quatre ans après la mort de l'auteur, on en publia deux autres volumes.

il n'avait pas dû songer qu'il lui fût jamais possible de la divulguer lui-même par l'impression. Lorsqu'il résolut de la mettre au jour, une grande partie des écrivains qu'on y voit figurer, existait encore. Que de disgraces oubliées furent rappelées à notre souvenir ! que de blessures fermées furent rouvertes ! que de haines assoupies furent réveillées ! quand la publication de l'ouvrage vint révéler ces censures ignorées, d'autant plus tranchantes, d'autant plus propres à blesser, qu'elles étaient dégagées de ces explications qui rendent la critique moins amère, en la délayant, et avaient, pour ainsi dire, la précision cruelle de l'épigramme ! Laharpe, en faisant paraître ce Recueil qui allait désoler tant d'écrivains, et où lui seul était présenté comme ayant mérité constamment les suffrages du public, avait foulé aux pieds deux des vertus du chrétien, la charité et l'humilité. Des personnes scrupuleuses ont trouvé que la chasteté n'avait guère moins à se plaindre, et que l'auteur aurait dû retrancher au moins certains passages d'une liberté presque licencieuse. Les reproches de tous les partis, les récriminations, les injures, les épigrammes fondirent sur Laharpe ; et ses amis gémirent de sa faute, sans pouvoir essayer de le défendre.

Quelques torts d'une nature différente lui attirèrent un autre genre de punition. Il regagna la retraite qui l'avait dérobé aux événemens du 18 fructidor, mais qui cette fois n'avait pas à protéger sa tête contre une sentence de mort. Le dépérissement de sa santé lui fit obtenir de rentrer dans Paris. Ce fut alors surtout que ses amis purent s'apercevoir des heureux changemens qui s'étaient opérés dans son caractère.

Les qualités naturelles de son ame, la bonté, la droiture et la générosité, se montrèrent enfin dégagées de tous les défauts qui les avaient si long-tems obscurcies. Ce n'était plus cet homme orgueilleux, irascible et opiniâtre, toujours pret à faire ou à venger une offense; devenu indulgent pour les torts d'autrui, il n'avait gardé de sévérité que pour ses propres fautes, et il accordait à ses ennemis le pardon qu'il se refusait à lui-même. L'éloquent ami, qui a serré le dernier sa main défaillante, et déposé sur sa tombe les regrets de la France et des Lettres, M. de Fontanes, a dit : « Déjà « les sentimens les plus doux étaient entrés « dans ce cœur trop méconnu et si long-tems « abreuvé d'amertumes : les injustices se répa- « raient. » Laharpe était à la veille de reprendre sa place dans l'Académie française, reconstituée sur de nouvelles bases, lorsqu'il fut attaqué d'une maladie dont il sentit le premier tout le danger. Dès ce moment, son seul soin, son unique pensée fut de faire une fin chrétienne. Il honora ses derniers momens par des paroles de douceur et de paix, et par des actes de bienfaisance. Il mourut, entouré d'amis en pleurs, le 11 février 1803, dans la soixante-quatrième année de son âge.

INTRODUCTION.

www.ingramcontent.com/pod-product-compliance
Ingram Content Group UK Ltd.
Pitfield, Milton Keynes, MK11 3LW, UK
UKHW022213070726
13613UKWH00004B/1627